AS VOGAIS

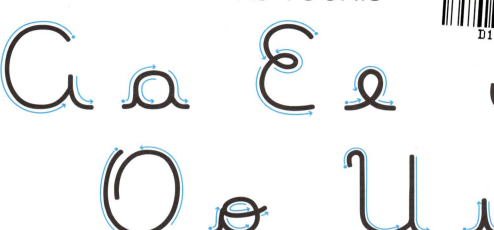

PINTE OS DESENHOS QUE INICIAM COM A VOGAL APRESENTADA EM CADA LINHA.

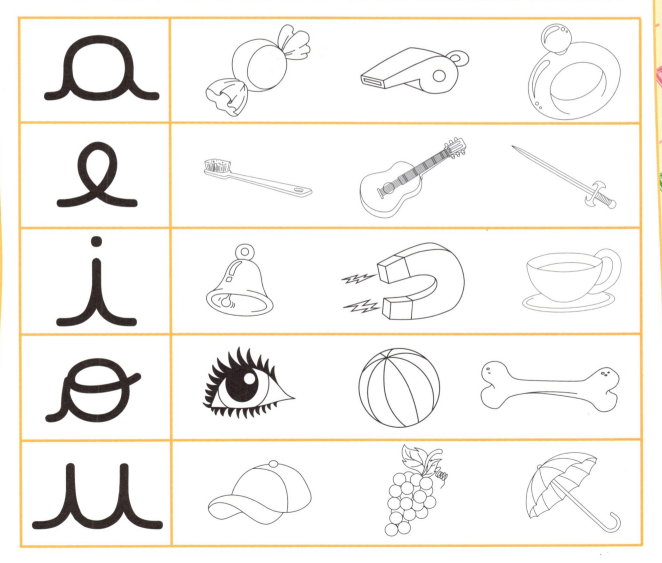

LABIRINTO

ENCONTRE A ARARA AZUL PASSANDO APENAS POR PALAVRAS QUE INICIAM COM VOGAIS.

ALFABETO MAIÚSCULO E MINÚSCULO

USE SEUS LÁPIS COLORIDOS PARA LIGAR O ALFABETO MINÚSCULO AO MAIÚSCULO.

G	e	N	w
B	l	O	r
C	h	P	u
D	g	Q	o
E	i	R	y
F	k	S	z
G	a	T	p
H	m	U	x
I	c	V	n
J	d	W	q
K	b	X	t
L	f	Y	s
M	j	Z	v

OLHA OS BICHOS!

ESCREVA EM ORDEM ALFABÉTICA O NOME DE CADA ANIMAL QUE APARECE NA CENA. CONSULTE O ALFABETO PARA FAZER TUDO CERTO!

ALFABETO

a b c d e f g h i j k l m

n o p q r s t u v w x y z

O QUE ESTÁ ACONTECENDO?

PARA DESCOBRIR, LIGUE OS PONTOS DE 0 A 50.

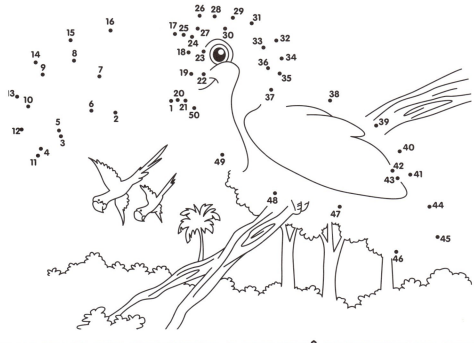

FAÇA UM X NA FRASE QUE REPRESENTA O QUE VOCÊ DESCOBRIU NO DESENHO. DEPOIS, COPIE-A NAS LINHAS ABAIXO.

☐ Três araras animadas voam pela mata.

☐ Duas araras estão voando e um tucano está pousado no galho da árvore.

☐ Duas araras voam alegres enquanto outra arara observa a paisagem.

PLANTAS

ESCREVA UMA FRASE PARA CADA UMA DAS FIGURAS ABAIXO.

Fruto

Flor

Folha

Caule

Raiz

VOCÊ É O DETETIVE!

EXISTEM 10 DIFERENÇAS ENTRE AS DUAS CENAS. DESCUBRA-AS E ESCREVA-AS NAS LINHAS ABAIXO.

EXEMPLO

Dinossauro

PARLENDA

VAMOS LER A PARLENDA E DEPOIS ESCREVÊ-LA!

Uma pulga na balança

Deu um pulo foi à França

Os cavalos a correr

Os meninos a brincar

Vamos ver quem vai pegar

FAÇA UM X PARA LOCALIZAR OS PERSONAGENS DO TEXTO.

ONDE ESTÁ?

ENCONTRE A PALAVRA QUE CORRESPONDE AO DESENHO, PINTE-A E COPIE-A.

tubarãopeixinhodouradopolvo

_____

siritubarãogolfinho

_____

ostracaranguejotartaruga

_____

golfinhopinguimfoca

_____

lulasardinhacamarão

_____

PONTILHADO

COMPLETE OS DESENHOS PASSANDO POR CIMA DOS PONTILHADOS E REESCREVA A MÚSICA TROCANDO AS IMAGENS POR PALAVRAS.

A JANELINHA

A 🪟 fecha

_____

Quando está chovendo

_____

A 🪟 abre

_____

Se o ☀️ está aparecendo

_____

Fechou, abriu

_____

Fechou, abriu, fechou

_____

Abriu, fechou

_____

Abriu, fechou, abriu.

_____

TRABALHANDO COM MÚSICA!

ORGANIZE A LETRA DA MÚSICA NA SEQUÊNCIA CORRETA.

EU VI UMA BARATA

vi uma barata Eu

Na vovô careca do

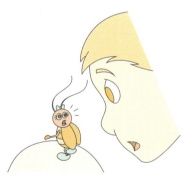

ela Assim viu me que

voou e asas Bateu

É HORA DE QUADRICULAR!

LEIA O DITADO POPULAR E REESCREVA-O NAS LINHAS.

Quem não tem cão, caça com gato.

DESENHAR QUADRICULANDO! OBSERVE O MODELO E FAÇA O DESENHO NA ÁREA QUADRICULADA.

BRINCANDO COM RIMAS!

DESCUBRA E ESCREVA PALAVRAS QUE RIMAM COM:

avião

camaleão

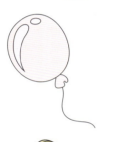

balão

macarrão

OBSERVE AS PALAVRAS GRIFADAS NA FRASE E COMPLETE A FRASE USANDO PALAVRAS QUE RIMAM:

O camaleão subiu no

O leão gosta de comer

TRAVA-LÍNGUA

REESCREVA CADA TRAVA-LÍNGUA SUBSTITUINDO OS DESENHOS POR PALAVRAS.

O de mão é de Pedro.

A arranha a .

O roeu a roupa do da Rússia.

Embaixo da tem um que pia.

QUEBRA-CABEÇA

MARQUE A PEÇA DO QUEBRA-CABEÇA QUE COMPLETA A IMAGEM.

MONTE O SEU QUEBRA-CABEÇA!

 Uma figura

 Cartolina

 Cola

 Tesoura

MODO DE FAZER
1. RECORTE A CARTOLINA DO TAMANHO DA FIGURA QUE VOCÊ ESCOLHEU.
2. COLE A FIGURA NA CARTOLINA.
3. RECORTE A FIGURA EM DIVERSAS PARTES.
4. DIVIRTA-SE MONTANDO SEU QUEBRA-CABEÇA.

QUE CONFUSÃO!

REESCREVA A MÚSICA SEPARANDO AS PALAVRAS.

Borboletinha
....

táná cozinha
....

fazendo chocolate
....

para a vizinha
....

poti poti
....

perna de pau
....

olho de vidro
....

nariz de pica-pau
....

SIGA AS PISTAS

PEDRINHO PERDEU SEU COELHO DE ESTIMAÇÃO. VAMOS AJUDAR A ENCONTRÁ-LO?

O coelho de Pedrinho é o que está embaixo do espantalho, em cima da aranha, tem uma ovelha do lado direito e uma minhoca do lado esquerdo.

COPIE AS PISTAS COM LETRA LEGÍVEL.

DESEMBARALHE!

FORME FRASES SEGUINDO A SEQUÊNCIA DE CORES.

A baleia azul do bugio A pulga pode alto da Terra.	saltar trezentas vezes é o maior mamífero O grito é o animal mais	A girafa do planeta. é muito alto. sua altura.

A pulga pode saltar trezentas vezes sua altura.

DESCOBRINDO PALAVRAS!

JUNTE AS SÍLABAS COLORIDAS E FORME UMA NOVA PALAVRA.

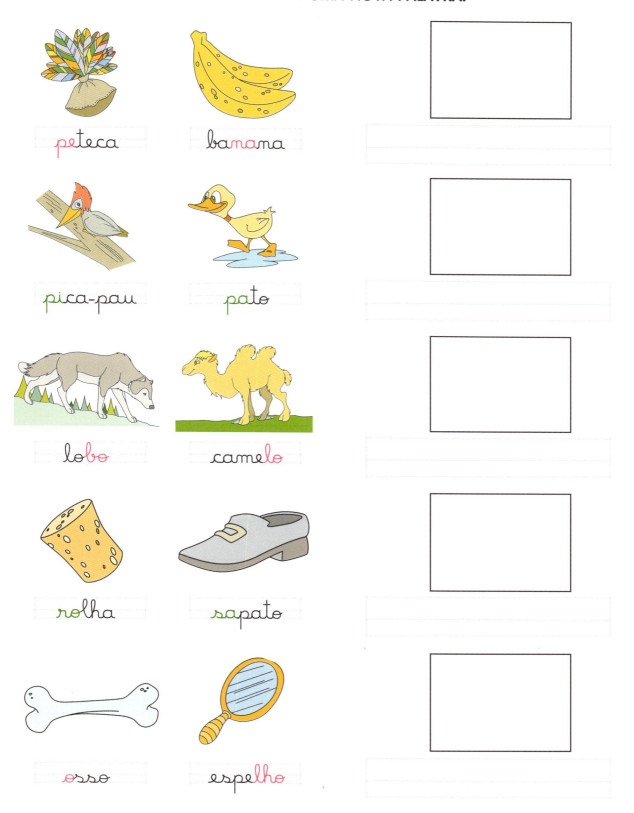

peteca   banana

pica-pau   pato

lobo   camelo

rolha   sapato

osso   espelho

LABIRINTO

PARA SAIR DESTE LABIRINTO EXISTEM DOIS CAMINHOS. VOCÊ DEVE ESCOLHER AQUELE CAMINHO QUE LHE DER O MAIOR NÚMERO DE PONTOS.

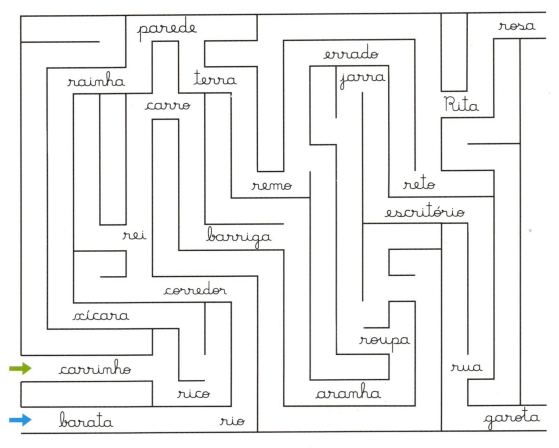

CONTE OS PONTOS DESTA MANEIRA:
R INICIAL = 1 PONTO, RR = 2 PONTOS E R BRANDO = 3 PONTOS.

COPIE NA FICHA CORRETA CADA PALAVRA ENCONTRADA NO CAMINHO COM MAIOR PONTUAÇÃO.

R INICIAL	RR	R BRANDO

HISTÓRIA EM QUADRINHOS!

OBSERVE AS CENAS E NUMERE-AS DE ACORDO COM A SEQUÊNCIA DOS ACONTECIMENTOS.

AGORA QUE VOCÊ ORGANIZOU AS CENAS NA SEQUÊNCIA CORRETA É NECESSÁRIO ESCREVER A HISTÓRIA NA ORDEM DOS ACONTECIMENTOS.

André conseguiu fugir, mas levou uma mordida.

Ele pulou a cerca para pegar a bola.

Ao pegar a bola foi perseguido pelo cão do vizinho.

André chutou a bola no jardim do vizinho.

FRASES SECRETAS

NO QUADRO ABAIXO EXISTEM 4 FRASES ESCONDIDAS. EM CADA COLUNA HÁ UMA PALAVRA QUE VOCÊ USARÁ PARA FORMAR AS FRASES. OBSERVE O EXEMPLO.

DICA: PINTE CADA FRASE DE UMA COR DIFERENTE PARA FACILITAR A REALIZAÇÃO DA ATIVIDADE.

a	dinossauros	produz	extintos.
Os	palhaço	foi	engraçado.
O	abelha	estão	mel.
O	caçador	é	caçar.

ESCREVA AS FRASES QUE FORAM ELABORADAS.

O caçador foi caçar.

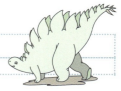

O QUE É O QUE É ?

LEIA CADA "O QUE É O QUE É?" E CIRCULE A RESPOSTA CORRETA.

... quanto mais quente ele está, mais fresco o danado é.

anão

pão

João

... não tem boca, mas mastiga. Come muito e não engorda. Corta, fura e nunca briga.

tesouro

besouro

tesoura

... é água e não vem do mar, nem na terra ela nasceu, do céu ela não caiu, todo mundo já lambeu.

lágrima

latinha

atleta

ESCOLHA O "O QUE É O QUE É?" QUE VOCÊ ACHOU MAIS INTERESSANTE E COPIE-O.

DESENHE A RESPOSTA

CLASSIFICANDO!

ISABELA PRECISA DE AJUDA PARA SEPARAR AS PALAVRAS EM SEUS GRUPOS CORRESPONDENTES.

águia
raiva
bicicleta
tristeza
tartaruga
boné
camelo
inveja
óculos
alegria
celular
girafa
raquete
ciúme
computador
amor
camaleão

ANIMAIS	OBJETOS	SENTIMENTOS